MÉMOIRE

POUR

LES HABITANTS DE LA VILLE DE LENT

SECTION DE LA COMMUNE DE LENT.

> Le jour où la justice tomberait aux mains
> de l'Administration, il n'y aurait pour les
> citoyens ni garantie ni sécurité.
>
> VIVIEN, *Études administratives*

LYON

IMPRIMERIE D'AIMÉ VINGTRINIER

Rue de la Belle-Cordière, 14

1865

MÉMOIRE

POUR

LES HABITANTS DE LA VILLE DE LENT.

MÉMOIRE

POUR

LES HABITANTS DE LA VILLE DE LENT

SECTION DE LA COMMUNE DE LENT.

> Le jour où la justice tomberait aux mains
> de l'Administration, il n'y aurait pour les
> citoyens ni garantie ni sécurité.
>
> VIVIEN, *Études administratives*

—◦⸺◦◦◦⸺◦—

LYON

IMPRIMERIE D'AIMÉ VINGTRINIER
Rue de la Belle-Cordière, 14

—

1865

MÉMOIRE

POUR

LES HABITANTS DE LA VILLE DE LENT

SECTION DE LA COMMUNE DE LENT.

I.

Le village de Lent, chef-lieu de la commune à laquelle il donne son nom, est situé à dix kilomètres de Bourg chef-lieu du département de l'Ain. Cette commune se compose de hameaux divers : Lent, Longchamp, Grandchamp, le Biolay, Léya, les Chatillons et Longry. La section la plus importante, Lent, était autrefois une ville forte, entourée de remparts dont il reste encore des vestiges. C'était une des douze chatellenies formant la principauté de Dombe.

La ville de Lent possédait, avant la Révolution, des biens communaux lui appartenant en propre, le bois des Couvandières, de 41 hectares, près de ce bois un pâturage de 7 hectares appelé Charbonnier, enfin un étang dit l'Etang de la Ville. Elle avait seule la propriété de ces biens. Ses habitants (*intra muros*) prenaient seuls part à cette jouissance commune ; les habitants des autres sections et même de la partie de Lent hors des murs (qu'on appelait la Campagne) n'y prétendaient aucun droit.

Il en est ainsi, même aujourd'hui, pour le bois des Couvandières et le pâturage de Charbonnier. Quant à l'Etang de la Ville, il a passé à la propriété privée et le propriétaire actuel pourrait seul, peut-être, préciser à quel titre et à quelle époque ; — les archives de Lent, détruites par la Révolution, comme celles de tant de communes, ne renferment aucun titre remontant au-delà de 1800.

Mais du moins, pour le bois des Couvandières et le pâturage de Charbonnier, les habitants de l'ancienne ville de Lent sont restés en possession de leur communal. Cette possession, due originairement à une libéralité des princes souverains de Dombe, remonte à plus de deux siècles et pendant ce temps a été constamment pleine, paisible et non interrompue.

Aujourd'hui cette possession si ancienne est troublée par l'Administration même, qui devrait la défendre. L'Administration veut imposer à la ville de Lent le défrichement et l'amodiation de ces pâturages au profit de la commune et donner son bois communal au Bureau de bienfaisance. C'est une double agression que rien ne peut justifier.

Avant d'examiner la question de savoir si la mesure de défricher les pâturages de la ville de Lent serait un avantage pour ses habitants, nous allons apprécier d'abord la prétention du Bureau de bienfaisance sur le bois communal des Couvandières, prétention étrange que le Conseil municipal et le Préfet ont cru devoir accueillir. Nous établirons les faits par les actes officiels dans leur ordre de date.

II.

Le 11 février 1864, le Bureau de bienfaisance de Lent prenait la délibération suivante :

1° « Considérant que d'après une *tradition* générale du pays le bois des Couvandières a été donné par une *princesse de Montpensier exclusivement pour les pauvres de la ville de Lent ;*

2° « Que contre l'intention expresse de la donatrice ce bois est distribué aujourd'hui indistinctement à tous les habitants de Lent, riches ou pauvres, que dès lors la part des *vrais pauvres* devient très-minime et presque insignifiante, d'autant plus que les frais d'affouage et d'exploitation absorbent presque en entier la valeur réelle du bois ;

3° « Que la Commission administrative a la mission et l'intention positive d'assister le mieux possible les véritables indigents,

« Le Bureau propose en conséquence de se faire attribuer *par qui de droit* la répartition juste et équitable dudit bois à cette seule fin de *la* distribuer chaque année en nature ou en argent à tous les indigents de cette commune, et soumettre sa proposition au Conseil municipal et de là à l'autorité en la priant de *réparer* au plus tôt *un abus* déjà ancien et donner satisfaction aux réclamations qui sont faites chaque année sur la répartition. »

Le 14 février 1864 le Conseil municipal prit à son tour une délibération en ces termes :

« Le Maire, président, donne communication d'une demande du Bureau de bienfaisance ayant pour objet d'obtenir en sa qualité de *tuteur des pauvres* que la répartition du produit du bois des Couvandières en nature ou en argent lui soit attribuée. Ce bien, est-il dit, a été donné par une duchesse de Penthièvre princesse de Dombes à la ville de Lent, à la condition expresse que les indigents seraient seuls partie prenante.

« Comment se fait-il qu'à l'encontre de la volonté de la donatrice, chaque habitant riche ou pauvre vienne en prendre sa part ? C'est un abus auquel il faut remédier au plus tôt..

« Le Conseil municipal approuvant à la majorité la demande

du Bureau de bienfaisance, pense que le meilleur moyen d'arriver au but en coupant court à toute réclamation serait de procéder à la vente des coupes dudit bois pour le produit en être versé dans la caisse du susdit Bureau qui en fera la répartition entre tous les indigents. La présente délibération soumise à M. le Préfet pour que dans sa sagesse il fasse ce qu'il convient. »

M. le Préfet, dans sa sagesse, prit, quatre mois après, le 21 juin 1864, un arrêté ainsi conçu :

« Vu une délibération du Bureau de bienfaisance de Lent du 11 février 1864, par laquelle le Bureau faisant observer que le bois des Couvandières a été donné par la duchesse de Penthièvre princesse de Dombes pour *les pauvres de Lent*, demande que les produits de ce bois, qui par un abus déjà ancien sont distribués entre tous les faisant-feu de la commune, soient désormais réservés pour les habitants pauvres exclusivement.

« Vu une délibération du Conseil municipal de Lent du 14 février, émettant l'avis que, pour rentrer dans les intentions de la donatrice, les coupes du bois dont s'agit seront à l'avenir vendues et le produit des ventes annuelles versé dans la caisse du Bureau de bienfaisance ;

« Vu les rapports et avis des agents forestiers qui concluent à ce qu'il soit fait droit au vœu exprimé par le Bureau de bienfaisance et par le Conseil municipal mais en faisant observer qu'il existe une parcelle de 2 hectares 28 ares qui semblerait appartenir plus particulièrement à la commune ;

« Vu la nouvelle délibération du 9 juin qui demande que la parcelle dont s'agit suive le sort du massif principal.

« Considérant qu'il est équitable de rendre à sa destination le bois des Couvandières, que l'usage abusif qui s'était établi de répartir entre tous les habitants le produit de ce bois donnait lieu à des difficultés et était d'ailleurs en opposition avec les intentions de la donatrice,

« Sommes d'avis que *la coupe annuelle* à exploiter dans le bois des Couvandières soit désormais vendue, pour le produit de cette vente être versé dans la caisse du Bureau de bienfaisance. »

En exécution de cet arrêté, le Préfet a transmis les pièces aux Ministres de l'intérieur et des finances et par sa lettre du 29 octobre 1864 a prévenu le Maire de Lent que « la solution de la question du mode de jouissance soumise aux Ministres de l'intérieur et des finances, était suspendue par la demande de ces Ministres d'un supplément de pièces et de renseignement. »

Les choses en sont là ; le Bureau de bienfaisance de Lent demande donc qu'on lui donne les coupes du bois des Couvandières pour être vendues, le prix versé dans sa caisse, et distribué, par lui, exclusivement aux pauvres de Lent.

III.

Il faut d'abord préciser la question ; elle est complexe et l'Administration la pose mal.

Il ne s'agit pas seulement, comme le dit le Préfet dans sa lettre, d'un simple changement dans le mode de jouissance du bois des Couvandières par les habitants de la ville de Lent ; il en serait ainsi si on laissait à ces habitants la jouissance de leur bois, si on leur disait : Jusqu'ici vous avez joui en nature par l'affouage, dorénavant vous jouirez autrement ; on vendra les coupes et le prix en sera distribué à ceux qui avaient droit à l'affouage. Ce serait alors, en effet, une question de simple changement du mode de jouissance, car la jouissance resterait aux habitants de la ville de Lent, sous une forme nouvelle, sauf à eux à accepter ou non ce nouveau mode, qui n'aurait évidemment aucun avantage. Mais là n'est pas la question. A la manière dont la pose le Bureau de bienfaisance, qui revendique pour les pauvres, dont il se prétend le tuteur, le bois communal des Couvandières, il s'agit nettement de dépouiller les habitants de la ville de Lent de leur jouissance de ce bois, pour l'attribuer au Bureau de bienfaisance.

C'est là assurément une question toute différente de celle du changement dans le mode de jouissance. Il s'agit de savoir si le bois a été donné aux habitants ou aux pauvres. C'est là évidemment une question de droit et de propriété.

M. le Directeur général des forêts l'a parfaitement compris ainsi. Le 29 septembre 1864, il écrivait au Préfet de l'Ain : «En raison de la cession consentie par la commune en faveur du Bureau de bienfaisance, M. le Ministre des finances a jugé à propos de consulter son collègue de l'Intérieur. » M. le Directeur général des forêts reconnaît donc bien qu'il s'agit ici d'une cession de droits et non pas seulement d'un simple changement du mode de jouissance. Comment donc, le 29 octobre, un mois après, le Préfet pouvait-il écrire au Maire que c'était « la question du mode de jouissance? »

Le Bureau de bienfaisance qui voulait s'adresser *à qui de droit*, ne devait pas ignorer qu'une question de cette nature ne peut être décidée que par la justice civile, et s'il en a saisi l'Administration, c'est qu'il espérait trouver en elle plus d'indifférence pour le droit, plus de facilité à abandonner les intérêts des sections de communes.

Mais la compétence judiciaire revendique impérieusement

toutes les questions de propriété, et la jurisprudence n'a jamais hésité sur l'application de ce principe.

La question véritable ainsi précisée et en acceptant la discussion, même devant l'Administration (sauf recours à la juridiction régulière), nous allons montrer que le Bureau de bienfaisance n'a pas ici qualité pour agir, et, au fond, ne peut avoir aucun droit à la possession du bois des Couvandières.

IV.

Le Bureau de bienfaisance prend et le Conseil municipal lui accorde la qualité de *tuteur des pauvres*. Aucun texte de loi n'autorise cette prétention, et la nature des fonctions de ces Bureaux ne la permet pas ; leur mission est de visiter les pauvres, de constater les besoins, de donner les secours nécessaires. C'est là, comme le nom l'indique, une institution de bienfaisance pure et qui n'a ni l'autorité de la tutelle, ni la gestion des droits et des intérêts de ceux qu'elle doit secourir. Si bonne et si utile qu'elle puisse être, elle a, comme toute institution, ses limites et ne doit pas les franchir.

Cette institution a été du reste mise en question, même par ses inspecteurs. En 1855, dans un rapport au Ministre de l'intérieur, l'un d'eux demandant la réorganisation complète de cos établissements, disait : « La grande majorité dépense des sommes considérables (17 millions par an) sans résultats aucuns. » Sans aller aussi loin et en admettant que les Bureaux de bienfaisance fassent un bien réel, simplement, sans bruit, comme le bien doit être fait, on ne peut pas tolérer qu'ils aient la pensée d'en venir à usurper les biens des communes ou des sections, le législateur ne l'a pas voulu, car en les créant, par la loi du 7 frimaire an V, il a changé leur nom, voulant leur donner une mission semblable mais non une puissance égale à celle des Bureaux des pauvres d'autrefois.

Dans le passé, en effet, les Bureaux des pauvres, fondés sur le principe de la cotisation volontaire, furent plus tard grandis par l'autorité royale. Un édit d'Henri II autorisait le Parlement à taxer, au besoin, les familles riches qui ne s'inscrivaient pas sur le livre des pauvres pour une somme proportionnée à leur fortune, et ces décisions sans appel s'exécutaient de plein droit. Ce pouvoir, qui n'entraînait peut-être pas d'abus dans ce temps, en entraînerait certainement aujourd'hui, et si la loi actuelle n'a pas reproduit ces dispositions, elle n'a pas assurément voulu faire des Bureaux de bienfaisance les tuteurs des pauvres.

V.

Au fond, la prétention du Bureau de bienfaisance n'a rien de sérieux : elle repose uniquement sur ce qu'il appelle « une tradition générale du pays suivant laquelle le bois des Couvandières a été donné par une princesse de Montpensier exclusivement pour les pauvres de la ville de Lent. »

La tradition peut bien parfois éclairer la recherche du droit, mais ce n'est pas sur la tradition seule que peuvent se fonder les décisions à rendre dans une question de propriété ; ensuite, en admettant l'origine incontestable de ces biens, donnés en effet par les princes de Dombes, le Bureau de bienfaisance ne présente aucun titre, aucun document, ne montre aucun fait pouvant établir que cette donation soit faite dans ces conditions exclusives : *aux pauvres seulement.*

La tradition qu'on invoque a, d'ailleurs, ses incertitudes ; le Bureau de bienfaisance attribue à une princesse de Montpensier cette libéralité, que le Conseil municipal et le Préfet attribuent à la duchesse de Penthièvre. Si le doute existe ainsi sur la question de savoir quelle est la véritable donatrice, comment savoir avec certitude quelle est la condition d'une donation dont on ne connaît pas, dont on ne rapporte pas le texte ? La lumière sur ce point est difficile à obtenir. Les matrices foncières de 1791 ont précédé le cadastre, mais les états de sections de 1791 qui servaient de base à l'impôt, à cette époque, n'ont pas survécu à Lent, au décret de la Révolution qui condamnait au feu les archives des communes.

Si on donnait à la simple tradition la puissance de transmettre la propriété, la propriété n'existerait plus.

Il y a à Lent une autre tradition générale, plus précise et plus certaine que celle dont se prévaut le Bureau de bienfaisance. La ville de Lent possédait autrefois l'étang qui s'appelait et s'appelle encore l'Etang de la Ville ; ici point d'incertitude ni d'hésitation, le nom de l'étang constate le droit de propriété de la ville, on le retrouve sur tous les plans ; pourtant cet étang a passé à la propriété privée et n'est plus bien communal ; si la ville le revendiquait aujourd'hui, se fondant sur la tradition, le propriétaire, qui peut ne pas avoir les anciens titres, assurément se prévaudrait de la prescription et défendrait par elle sa propriété contre l'autorité de la tradition. Comment peut-on alors invoquer cette autorité (qui n'en est pas une), contre la ville de Lent ?

On produirait d'ailleurs le titre de la donation faite à la ville de Lent par les princes de Dombe, on montrerait même dans ce titre la condition que lui prête le Bureau de bienfaisance, que

sa prétention ne serait pas justifiée, et en outre, le fût-elle, tom·
berait devant la prescription.

Pour se fixer sur le but et le sens de cette donation il faut se
reporter aux plus funestes jours de notre histoire. Dans les der-
nières années du XVIe siècle, la Bresse et la Dombe subirent
tous les désastres de la guerre; la ville de Lent était alors une
ville frontière de la Dombe, importante par sa situation, sa population, son commerce; les souverains du pays, les ducs de
Montpensier l'avaient fortifiée par des murailles flanquées de
huit à dix tours. Des fossés et un château-fort complétaient sa
défense. Prise en 1594 par les Savoyards et livrée au pillage,
les habitants (dit l'historien de sa réunion à la France) « furent
massacrés; c'est de cette époque que date la chute de cette
ville. » (V. p. 226-299).

La ruine de Lent fut si complète qu'en 1598 encore, lorsque,
la paix faite, le duc de Montpensier envoya des commissaires
pour en prendre possession, le pays était un désert et les commissaires ne trouvèrent que *deux personnes* dans la châtellenie
de Lent.

Cependant quelques-uns des habitants avaient pu fuir et se
réfugier en Bugey; pour les ramener, pour rendre une population à ce pays désolé, les princes de Dombe firent tous les efforts
que permettait le malheur des temps. En 1600, Henri de Bour-
bon affranchit de tout impôt les châtellenies de Lent et du Cha-
telard; en 1607, un édit ordonna que les années calamiteuses
de 1594 à 1598 ne compteraient pas dans les prescriptions.
C'est évidemment au temps de ces mesures réparatrices que se
place le don fait à la ville de Lent d'un communal en bois et
pâturage et de l'Etang de la Ville. — La même pensée inspira
l'affranchissement de l'impôt et le don du communal; — mais
la donation était nécessairement faite à la ville de Lent, car le

pays était désert et c'était dans les ruines de la ville seulement qu'on pouvait alors réunir et abriter les restes de sa population.

Cette donation ne pouvait pas être faite aux habitants pauvres de la ville de Lent, dans le sens restreint et exclusif que lui prête le Bureau de bienfaisance; elle était faite aux *pauvres habitants* de la ville de Lent, ce qui est tout différent. — La pensée d'une exception n'existait pas plus dans la donation que dans l'affranchissement de l'impôt, et le mot *pauvres* avait alors dans le langage du temps un sens habituel qu'il garde encore aujourd'hui; il exprimait le sentiment de sympathie qu'inspire une grande infortune; — une femme riche perd son enfant, on plaint la *pauvre* mère; un grand désastre frappe une ville, un de ces fléaux même qui ne touchent pas aux fortunes, la peste, le choléra, on plaint les *pauvres habitants*. Le sens de ce mot est évident; il l'est surtout dans cette donation aux habitants de Lent quand on tient compte de sa date et des malheurs qui la motivaient.

Voici en effet des exemples tirés du langage contemporain et qui ne permettent pas le doute à cet égard.

Dans le seizième siècle, on retrouve tour-à-tour les mots *pauvres sujets*, *pauvres habitants*, pour exprimer l'ensemble de la population d'une communauté d'habitants et non les indigents. En 1544, lors des fortifications de Bourg, chaque quartier de la ville offrait mille florins pour « que les maisons des pauvres habitants ne soient ruinées. » Ce n'étaient pas les pauvres qui offraient un tel sacrifice pour conserver leurs maisons menacées par les plans de fortifications, c'étaient les *pauvres habitants*, la population entière.

La ville de Bourg fut à la fin du siècle réunie à la France, et dans leur supplique au roi, ses députés disaient encore : Sire, les syndics, *pauvres et ruinés habitants* de la ville de Bourg. » Or,

nos syndics, *pauvres habitants* de Bourg, n'étaient pas non plus
des pauvres dans le sens du Bureau de bienfaisance de Lent. Son
erreur, que l'Administration a partagée, est d'attribuer à ce
mot affectueux d'un prince, dans une donation de ce temps,
le sens restreint du substantif pauvres dans les classifications
administratives de nos jours.

Mais le sens vrai de cette donation ne s'explique pas seulement par le langage du temps; l'exécution d'un acte semblable
est sa première et sa meilleure interprétation.— Or, depuis deux
siècles et plus, les habitants de l'ancienne ville de Lent jouissent
seuls, sans contestations, de leur bois et de leur pâturage. A
qui pourrait-on persuader qu'il en serait ainsi si ce n'était pas là
un bien communal de la section de la ville de Lent?— Leur possession incontestée est le meilleur témoin de leur droit et la
législation moderne elle-même en fournit encore la démons-
tration.

En effet, les biens des Bureaux des pauvres, à la Révolution,
furent confisqués au profit de l'Etat comme ceux des hospices,
et quand, après ces excès, le législateur en l'an V releva ces
établissements, les biens non vendus furent, par des dispositions
de lois communes, restitués aux hospices et aux Bureaux de bienfaisance. Le décret du 12 juillet 1807 vint compléter ces mesures
de réparation; le premier article dispose ainsi : « Conformément
au décret du 29 prairial an IX, les biens qui ont appartenu à des
établissements de bienfaisance ayant pour but le soulagement de
la classe indigente, sont mis à la disposition des Bureaux de
bienfaisance dans l'arrondissement desquels ils sont situés, à la
charge de se conformer dans l'emploi de ces biens au but insti-
tutif de chaque établissement. »

Ainsi, en 1807, quand on était plus près de la tradition,
quand on savait encore le passé, quand les décrets de l'empire

étaient. sévèrement exécutés, si le bois des Couvandières eût été autrefois le bien des pauvres, on l'aurait mis sans aucun doute à la disposition du Bureau de bienfaisance de Bourg. On ne l'a pas fait, parce que le droit de la ville de Lent était certain et qu'aucune réclamation contraire ne pouvait se produire. Celles qu'on allègue aujourd'hui ne remontent pas au-delà de l'Administration actuelle et sont nées de ses projets.

VI.

La demande du Bureau de bienfaisance de Lent n'est pas seulement sans droit, elle est encore sans motifs.

Les dotations de ces établissements se composent des biens et des rentes qui leur appartiennent et des dons que peuvent leur faire l'Etat, les communes et les particuliers. Le Bureau de Lent reçoit de la commune une allocation de 300 fr. par an, et cette allocation, réunie aux dons volontaires, permet de secourir les indigents inscrits sur sa liste ; ils sont au nombre de six seulement ; les ressources du Bureau suffisent ainsi à son œuvre et au delà, car il a déjà pu réaliser des économies placées en rentes sur l'Etat. — Le Bureau de bienfaisance, qui n'a aucun droit qui lui permette de dépouiller la ville de Lent de son bois communal, ne peut donc pas même tirer un motif à sa demande des exigences de sa mission charitable, car ces exigences sont satisfaites.

VII.

Si en regard de cette demande, que rien ne justifie, on considère la situation des habitants de la ville de Lent, leur droit apparaît au contraire éclatant dans les faits et consacré par les principes.

En fait, les habitants de la ville de Lent sont en possession et suivant les textes de nos lois et la doctrine unanime, le possessoire est, dit Proudhon, « le plus grand des pouvoirs sociaux, supplée à tous les titres et les remplace efficacement tous. » Cette possession remonte à plus de deux siècles, incontestable, incontestée; les autres sections (1) formées par les hameaux divers de la commune actuelle de Lent la reconnaissent et la respectent, et la matrice du cadastre, en 1832, la constate avec son caractère de propriété communale.

Les habitants de la ville de Lent, de temps immémorial, payent seuls, par un rôle qu'ils recouvrent entre eux, les impôts de ces terrains, comme le veut l'article 109 de la loi du du 3 frimaire an VII, sur la contribution foncière, pour les biens communaux des sections.

Seuls ils supportent chaque année les frais du traitement des gardes-forestiers, les frais d'exploitation et de bornage des coupes, des fossés de séparation et d'assainissement. Seuls ils ont fait la grande trace et le pont du bois des Couvandières.

En 1863, ils ont été autorisés par l'Administration à vendre des bouleaux de leur pâturage de Charbonnier pour faire des ponceaux nouveaux dans les Couvandières.—Jamais possession n'a été plus complètement établie par les faits, plus ouvertement reconnue par l'Administration.

En droit, en dehors même de ces considérations, le temps écoulé dans cette possession deux fois séculaire a produit la propriété parfaite. La propriété, présumée dans la possession dès

---

(1) Les autres sections, notamment Biolay, Grandchamp et Longry. avaient aussi des communaux particuliers, vendus ou partagés dans le désordre de la Révolution.

son origine, devient certaine et définitive, quand le temps lui a imprimé sa consécration ; la possession des habitants de Lent aurait suffi comme possession immémoriale aux exigences de l'ancien droit, elle suffit à plus forte raison aujourd'hui sous le code actuel, car, en la datant seulement de la matrice cadastrale de 1832, la prescription trentenaire est acquise et son effet rend la ville de Lent propriétaire incommutable de son communal.

Voilà les faits, voilà le droit, voilà la vérité.

Une décision administrative qui voudrait, en violant toutes les règles de la compétence, briser ce droit acquis, justifierait cette pensée de M. Vivien: « Le jour où la justice tomberait aux mains de l'Administration, il n'y aurait pour les citoyens ni garantie ni sécurité (1). »

VIII.

On pourrait déjà, par la présente affaire seule, montrer combien les garanties que paraît offrir l'Administration sont souvent vaines.—Les habitants de la ville de Lent sont, depuis plus de deux siècles, en possession de leur communal.—Pour les troubler dans cette possession, pour livrer leur droit au lieu de le défendre, il suffit à l'Administration d'une tradition qu'on ne fait qu'alléguer, et d'un mot de cette tradition, dont on méconnaît le sens.

Cette question de propriété appartient aux tribunaux. L'ordre des juridictions est une des garanties les plus précieuses des citoyens.—L'Administration s'efforce ici de dissimuler la question

(1) Études administratives, t. I", p. 18.

de propriété, d'en faire une question de changement du mode de jouissance et d'en poursuivre une solution en dehors de la juridiction compétente.

Les habitants de Lent ont pour eux le fait décisif de leur possession immémoriale. Au lieu d'en reconnaître la portée légale, l'arrêté du Préfet en fait *un abus déjà ancien*; c'est prêter au passé des abus aussi aisément qu'on tolère ceux du présent, sans réfléchir que cet abus qu'on suppose ici, était aussi impossible que d'autres sont faciles. Ainsi, certains fonctionnaires se jouent du devoir de la résidence, cela se voit tous les jours. Mais comment 160 habitants de la ville de Lent auraient ils pu, sans droit, jouir tous les ans, pendant des siècles, d'un bois appartenant aux pauvres de la localité (qui étaient là pour réclamer) et sous les yeux de l'Administration ? — Cette Administration du passé valait celle d'aujourd'hui ; elle faisait moins de discours, mais donnait aux affaires une étude sérieuse. La ville de Lent a eu de bons Maires, le département de très-bons Préfets, et un abus semblable, qui ne pouvait être ignoré, assurément n'eût jamais été toléré.

La décision que veut le Préfet est d'ailleurs parfaitement irréfléchie. Le Bureau de bienfaisance réclame le bois des Couvandières, le bois et ses coupes sans distinguer entre elles ; s'il est en effet propriétaire, sa prétention est juste ; cependant le Préfet lui accorde seulement *la coupe annuelle*, — que devient alors la coupe du quart de réserve ? Dans cette fantaisie de justice distributive que se permet l'Administration, cette coupe de réserve restera-t-elle à la section, ira-t-elle à la commune et à quel titre? Si la ville de Lent est propriétaire, elle n'a pas droit seulement au quart de réserve, mais à toutes les coupes de son bois; et si c'est le Bureau de bienfaisance qui est propriétaire, il n'a pas droit seulement à la coupe annuelle, mais à toutes les coupes également.

Le bois des Couvandières a de plus, outre le bois même, d'autres produits utiles aux populations rurales. Ces produits, dont on jouit en nature, seront-ils au Bureau de bienfaisance ou resteront-ils aux habitants de la ville! Le droit de chasse amodié 130 francs par an et qui montera plus haut, sera-t-il payé à la Commune, au Bureau de bienfaisance ou à la section de la ville de Lent, seule propriétaire? Le Préfet n'entre dans aucun de ces détails, il méconnaît tous ces signes de la propriété. *De minimis non curat.*

Est-ce là de l'Administration ?

L'étude des avis demandés n'est pas plus exacte. On a demandé des rapports à l'Administration forestière qui n'a pas à juger des questions de cette nature. Le Préfet, pour s'étayer de cette autorité, affirme dans son arrêté que « les rapports et avis des agents forestiers concluent à ce qu'il soit fait droit au vœu exprimé par le Bureau de bienfaisance et le Conseil municipal. » Il prête ainsi à ces avis une unanimité qui n'existe pas, loin de là. Dans son procès-verbal de reconnaissance du 17 avril 1864, le Sous-Inspecteur des forêts dit au contraire :

« Considérant que le Bureau de bienfaisance ne justifie d'aucun titre à l'appui de sa réclamation . . . .

Nous estimons qu'il y a lieu de ne pas autoriser la commune de Lent à se dépouiller au profit du Bureau de bienfaisance. »

C'est très-nettement dit et très-justement pensé. Le Préfet avait sans doute le droit de préférer l'opinion de l'Agent forestier supérieur, mais il n'avait pas le droit de dire que *les rapports et avis concluaient* à faire droit au vœu du Bureau de bienfaisance, quand l'un de ces rapports disait précisément le contraire. Il n'a pas le droit d'affirmer ainsi un fait qu'il sait parfaitement n'être pas vrai.—L'exactitude des assertions est un devoir à la portée de tout le monde et le Préfet la dédaigne trop. —

Enfin, dans cette question, le Préfet n'a pas même daigné savoir que le communal de la ville de Lent, bois et pâturage, était la propriété particulière de cette section de la commune ; — d'un trait de plume il partage la jouissance de ce communal particulier d'une section entre le Bureau de bienfaisance et la commune ; quant à la section, seule véritable propriétaire, elle est oubliée et ses droits sont sacrifiés, sans même être débattus.—Pour le Préfet de l'Ain, les sections de commune n'existent pas. C'est vainement que la législation reconnaît leur existence distincte et consacre leurs droits distincts. C'est vainement qu'en adoptant la loi récente du 28 juillet 1860 sur les terres incultes le législateur déclare : « Qu'à l'exemple de toutes les législations antérieures, il maintient et confirme le droit exclusif des sections aux communaux dont elles jouissent ; » c'est-à-dire le droit exclusif au produit de la vente ou de l'amodiation de ces biens propres. C'est vainement que le Sénat, en 1860, saisit l'occasion de proclamer à son tour que ces droits des sections à la propriété et à la jouissance de leurs biens, quel que soit le mode de jouissance, sont aussi inviolables que les droits de propriété des particuliers. C'est vainement que le rapporteur de la loi de 1860 citée ci-dessus explique que, dans l'esprit de cette loi, la vente d'un bien de section au profit de la commune serait « une véritable spoliation ; » qu'au cas de fermage si le prix était versé à une autre caisse que celle de la section, ce serait « une confiscation de jouissance équivalant à une confiscation de propriété. » C'est vainement que les hautes lumières du Conseil d'Etat dictent ses arrêts. Pour le Préfet de l'Ain ces principes, ces autorités sont sans force et les sections de communes sont dépouillées ou opprimées impunément, en dépit des lois et du Conseil d'Etat (1).

Voilà en réalité quelles garanties donne ici l'Administration.

(1) Les sections de communes qui ont à se plaindre des erreurs de l'Admi-

IX.

Nous arrivons à la question du pâturage.

Le pâturage de Charbonnier est comme le bois des Couvandières propriété communale particulière de la section de la ville de Lent. L'Administration prétend de même en disposer, elle veut qu'il soit, comme terrain vague, amodié et livré à la culture *pour augmenter les ressources de la commune* : on retrouve là l'habitude de l'Administration de sacrifier les sections aux communes.

Sur l'invitation du Préfet du 30 janvier 1864, le Conseil municipal a pris, le **7** avril, la délibération suivante :

« Le Président prend la parole et explique succinctement le but de la réunion, puis donne lecture de la lettre de Monsieur le Préfet, où sont développées d'une manière si lucide les raisons militant en faveur de la proposition de tirer parti, en les mettant en culture, des *terrains vagues* de la commune de Lent. Ces terrains, *d'une excellente qualité*, ne fournissent, en l'état, *qu'un maigre pâturage*, tandis qu'en les cultivant on en obtiendrait bientôt de *florissantes récoltes* qui viendraient augmenter l'alimentation de la population toujours croissante, et, par suite, les ressources de la commune : ce serait donc un crime de lèse-nationalité que de ne pas en tirer parti.

« Le Conseil après avoir discuté la mesure l'adopte à la majorité, et nomme une Commission pour aviser au moyen de

nistration ne sont pas libres d'y résister. Les imprimeurs de Bourg, par exemple, se sont refusés à imprimer des mémoires pouvant déplaire au Préfet, i y a là en fait une entrave odieuse au droit de défense.

procéder, de la manière la moins coûteuse pour la commune, au défrichement des terrains dont il s'agit, puis prie Monsieur le Préfet de vouloir bien approuver la présente délibération. »

En lisant cette délibération on est frappé de l'exagération de ses termes. Il y a encore en France quinze à vingt mille communes ou sections qui ont le bon esprit de garder leurs pâturages et ne pensent pas, par cet acte de conservation, commettre un crime de *lèse-nationalité*. S'il en était ainsi, le zèle des parquets de l'empire ne suffirait pas aux poursuites. Voyons donc exactement les choses et demandons-nous si la ville de Lent aurait avantage à amodier son pâturage communal.

Les populations des campagnes ont d'autres besoin que ceux des villes et il faut savoir les comprendre ; le pâturage est le premier peut-être ; il est nécessaire à la santé du bétail, sans lequel il n'y a pas de culture possible, il aide les petits ménages à en nourrir une ou deux têtes. Une commune ayant des pâturages étendus peut en amodier une partie quand le reste suffit à son bétail, c'est un acte de bonne administration ; mais la ville de Lent n'a pas même un pâturage suffisant, elle compte 63 feux envoyant au pâturage, et le pâturage n'a pas 105 coupées, c'est moins de deux coupées par feu, et assurément ce n'est pas assez. Sur des questions semblables, l'Administration s'égare toujours quand elle veut imposer ses décisions aux cultivateurs ; ceux-ci sont eux-mêmes les meilleurs juges de leur intérêt et des améliorations possibles dans leurs cultures. Sur cette question de la jouissance en nature d'un communal et de l'utilité des pâturages pour les intérêts agricoles, ils résistent à peu près partout avec ce vieux bon sens pratique qui a conservé nos excellentes races de bétail et de volailles contre l'invasion des races étrangères prônées par l'Administration. Nous avons sur ce point un précédent utile à citer.

En 1863, le Conseil municipal de Viriat avait décidé que les pâturages des Greffets seraient amodiés pour augmenter les ressources de la commune. C'est la question des pâturages de Lent dans les mêmes termes (pâturage d'une section amodié au profit de la commune). Les habitants des Greffets ont produit alors un mémoire établissant leur droit exclusif à ce bien communal de leur section et leur volonté de le conserver en pâturage ; le Maire et le Conseil municipal de Viriat ont loyalement reconnu le droit de la section, et l'Administration elle-même a autorisé une délibération nouvelle rapportant la première.—Les Greffets ont conservé ainsi leur pâturage. — Il est étrange de voir, à deux ans d'intervalle, l'Administration du même Préfet décider la même question dans deux sens opposés.

Les pâturages des Greffets sont quatre fois plus étendus que celui de Lent ; leur défrichement pouvait présenter ainsi un peu plus d'intérêt agricole, et les habitants de Lent ont d'autant plus de raison de conserver leur mode de jouissance actuelle qu'une partie de leur pâturage produit des bouleaux et serait utilement replantée. On en a vendu il y a trois ans pour 1,240 francs, on pourrait en vendre encore pour 2,000 fr. et avec le prix former un capital à la section de la ville de Lent, ce qui serait mieux que de prétendre lui enlever les biens qu'elle possède.

C'est d'ailleurs une illusion de croire que ces terrains qui n'offrent, dit-on, que de *maigres pâturages* donneraient bientôt de *florissantes récoltes.* Ces deux assertions se contredisent et le succès en agriculture ne vient pas si vite ; les cultures riches ne seraient pas possibles sur le sol et sous le climat de Lent, il faudrait s'en tenir aux céréales, et le bas prix du blé montre aujourd'hui combien cette culture est peu profitable ; c'est la question qui préoccupe le plus vivement le monde agricole, et une autre expérience, dans ces données, ne ferait que préparer une déception nouvelle.

Le rapporteur de la loi de 1860 disait, sur cette mesure d'a-modier les pâturages des sections au profit des communes : « Aucune mesure dans les pays pastoraux ne saurait être plus inique, plus anti-agricole, plus impopulaire, plus impolitique. » C'est vu de haut et dit de même.

Enfin, cette décision de l'Administration sur le pâturage de Lent est, quant à présent, une violation formelle de la loi du 28 juillet 1860. L'art. 2 de cette loi veut que, « s'il s'agit de biens appartenant à une section de commune, une commission syndicale soit préalablement consultée. » Cette formalité n'a pas été remplie. La ville de Lent, section à laquelle appartient ce pâturage, n'a pas été appelée à nommer une commission syndi-cale;—l'Administration n'a pas le pouvoir de passer outre et de supprimer ainsi une garantie précieuse que le législateur a voulu donner aux sections de commune.

En organisant ces nouveaux cours qui vont, en quelques jours nous a t-on dit, procéder à l'*éparpillement libéral* de toutes les sciences dans nos villes, on en a oublié un bien important et qui pourrait être fait dans une seule leçon, pourvu qu'elle fût bonne: Un cours qui enseignerait aux administrateurs le respect du droit, du principe de la propriété dans toutes ses applications et des formalités tutélaires imposées par les lois pour la protéger. Un tel cours aurait vraiment un grand mérite d'opportunité.

X.

Les populations rurales sont les racines puissantes et vivaces d'une nation ; elles sont en général calmes et sages; elles ne demandent pas au pouvoir ces libertés orageuses qui apportent à l'esprit public plus d'erreurs que de vérités, à la civilisation plus de périls que de garanties ; elles ont droit ainsi à tout l'intérêt de l'Administration, si cette Administration est éclairée. La ville de Lent surtout a droit à cet intérêt. Sans remonter à sa ruine ancienne, elle a perdu, par le mouvement agité de notre temps, un élément réel de prospérité ; elle a perdu la grande circulation de Marseille à Strasbourg, qu'elle avait avant la route de Villars, et tous les avantages qui en résultaient pour elle. Placée aujourd'hui entre les deux lignes des chemins de fer de Lyon à Bourg et de la Dombe, elle n'est dédommagée par aucune. La sollicitude de l'Administration ne s'est pas étendue sur elle. L'aménagement de son bois fixé à 25 ans devrait l'être à douze et donner deux des coupes actuelles par année, le quart de réserve à 20 ans, suivant l'usage éclairé du pays. — La ville de Lent n'a pas même une fontaine publique, quand il serait si facile et si peu coûteux d'en avoir une excellente. Ses ressources propres vont à la commune. Que du moins on la laisse jouir en paix des biens qui lui restent ; qu'on ne touche pas à son bois communal, qu'on ne pourrait lui enlever sans commettre une odieuse spoliation, qui serait déférée à la justice ; qu'on lui laisse son pâturage, parce qu'il lui est nécessaire et qu'il faut garder à la vache du pauvre, qui nourrit la famille, sa place au soleil et son droit à l'herbe des champs.

*Le Président de la Commission de la
ville de Lent,*

MICHOLET.

*Le Conseil des habitants de la ville
de Lent,*

POMMIER LA COMBE,
Avocat, ancien Magistrat.